PAOLO TODISCO

AVVIARE UN RISTORANTE

Come Creare un Locale Unico e Speciale e Sbaragliare la Concorrenza

Titolo

"AVVIARE UN RISTORANTE"

Autore

Paolo Todisco

Editore

Bruno Editore

Sito internet

http://www.brunoeditore.it

Sommario

Introduzione

Su cosa si basa il segreto di un'attività di successo? Potresti obiettare che avere successo dipende dalla fortuna; dall'occasione giusta o da chissà quale motivo astratto. No! Non si tratta di astrazione: tutt'altro! Il concetto è molto chiaro e preciso.

Il segreto del successo è fare i passi giusti al momento giusto.

Il percorso che approfondirò in questo ebook inizia ben prima di mettersi in proprio e di creare la propria splendida attività di ristorazione. Potremmo dire che inizia quando si entra per la prima volta in una scuola.

Desidero innanzitutto presentarmi: mi chiamo Paolo Todisco, ho quarantacinque anni e da sedici conduco con successo, insieme a mio fratello Roberto e a mia cognata Sabrina, la "Piadinomania" di Gorizia. Prima di essere imprenditore ho sempre lavorato nel mondo del turismo ricoprendo diversi ruoli: inizialmente barman, poi segretario del ricevimento e infine direttore d'albergo. Come dicevo, sono un imprenditore e adoro agire, quindi bando alle chiacchiere ed entriamo subito nel vivo degli argomenti.

Mettiti comodo che iniziamo!

CAPITOLO 1:

Come gettare fondamenta solide

Oggigiorno si parla sempre più spesso di formazione, possiamo dire che è veramente una delle parole più usate e inflazionate ma spesso sottintende semplicemente la lettura di qualche libro di approfondimento o la partecipazione a qualche corso più o meno dettagliato relativo alle più varie professioni.

Per formazione intendo, invece, l'acquisizione della **mentalità imprenditoriale**. Qualsiasi mansione abbia svolto, ho sempre cercato di apprendere il più possibile. Spesso grazie alla mia umiltà sono riuscito a carpire segreti e trucchi che solo chi non teme la concorrenza è disposto a insegnare. Di fronte ai grandi direttori una cosa però mi ha sempre fatto riflettere: perché, nonostante il successo che possa ottenere, il miglior direttore del mondo non saprà mai essere tanto innovativo quanto il più semplice degli imprenditori?

Ho cercato per anni la risposta, ho osservato grandi direttori d'hotel all'opera e validi imprenditori al lavoro. Soltanto quando ho avviato un'attività in proprio sono stato in grado di trovarne una. Un imprenditore si distingue da un dipendente nel momento in cui applica la propria iniziativa e la propria indipendenza: nel momento in cui **decide e agisce**.

Mi spiego meglio: in qualità di titolare, sono libero di trasformare radicalmente la mia attività da un giorno all'altro, mentre chiunque sia lavoratore dipendente non ha questa possibilità.

Quindi, se anche tu, che stai leggendo queste mie riflessioni, senti il grande desiderio di essere un lavoratore autonomo e creare la tua attività di ristorazione, inizia subito a osservare il tuo titolare, il modo in cui agisce, valuta le decisioni che prende. Se ritieni che sia un Imprenditore con la I maiuscola, allora cerca di apprendere da lui il suo modo di ragionare!

Cerca, se ti è possibile, di farti raccontare come ha raggiunto il successo e cosa ha fatto prima di mettersi in proprio. Spesso abbiamo la fortuna di acquisire la mentalità imprenditoriale semplicemente svolgendo la nostra mansione accanto a imprenditori importanti.

SEGRETO n. 1: è fondamentale sfruttare ogni occasione per acquisire la mentalità imprenditoriale.

A questo proposito voglio raccontarti la mia esperienza. Sono stato assunto in un hotel molto rinomato di Udine con la mansione di portiere alla reception. Premetto che mi sono diplomato in lingue con una buona votazione e che quindi parlavo, e parlo tutt'ora, correntemente inglese e tedesco.

Dal momento in cui iniziai a lavorare come portiere, fino a quando lasciai il posto di lavoro in qualità di capo ricevimento, solamente tre anni dopo, il proprietario dell'hotel mi permise (o impose) di imparare almeno dieci programmi di computer diversi: era convinto che per rimanere il miglior hotel della città, se non della regione, fosse fondamentale essere sempre all'avanguardia in campo tecnologico.

Questa ti potrà sembrare una visione atipica della formazione ma, credimi, si impara molto di più osservando i migliori in azione che studiando tanti libri. Con questa affermazione non intendo dire che non debba documentarti: prima però devi imparare a ragionare da imprenditore.

Devi imparare a vivere già come se fossi tu l'imprenditore. Mi è capitato spesso di ricevere la seguente critica: «Lavori come se fossi tu il titolare». Certo! Infatti stavo facendo apprendistato di imprenditorialità non di lavoro dipendente. Quindi, apprendevo un mestiere e studiavo tutti gli aspetti di una professione ma, contemporaneamente, il mio obiettivo era imparare a pensare come un imprenditore.

Per quanto riguarda la tua formazione professionale devi sempre prediligere il futuro. Cosa significa futuro? Cerca di leggere riviste specializzate e, quando ti imbatti in argomenti che guardano all'innovazione, analizzali, studiali, documentati.

Ti voglio portare un esempio che calza a pennello. Ho avviato la "Piadinomania" nel 1995. In quegli anni per aprire una gastronomia bastava avere il libretto sanitario in regola e attrezzare la cucina secondo i requisiti richiesti dalla USL. Ma tieni conto che, non rispettando i principi basilari dell'igiene alimentare, avresti potuto avvelenare la popolazione della tua città! Beh, già allora si iniziava a parlare di *haccp* e autocontrollo.

All'epoca le marche più importanti di cucine per la grande ristorazione inviavano i primi manuali informativi. Io, già in quegli anni, facevo le mie ricerche (ho sempre adorato essere all'avanguardia) ed ero riuscito ben due anni prima dell'entrata in vigore della legge a creare il mio personale piano di autocontrollo corredato di tabelle e programma computerizzato per il rilevamento delle temperature.

Il mio atteggiamento veniva considerato dagli organi di sorveglianza «a dir poco futuristico». Certo, futuristico! Ma sai quante cose ho imparato studiando prima degli altri? E sai che immagine di me sono riuscito a creare agli occhi di chi mi controllava aggiornandomi in anticipo?

Questa è vera formazione: studiare prima degli altri e poi mettere in pratica. Vivere nel futuro e non nel passato. Lo stesso discorso vale per la scelta delle attrezzature; anche se il tuo è un piccolo laboratorio artigianale, vai alle fiere più importanti e scegli le attrezzature più sofisticate perché solo in questo modo la tua attività non avrà limiti.

Io ho un'attività piccola ma molto varia e preparo tantissimi prodotti diversi. Se un giorno dovesse capitare un cliente e mi dovesse richiedere duecento pizze familiari per un buffet o trecento polli arrosto per l'indomani, sarei in grado di soddisfare questa richiesta senza esitazione perché dispongo di attrezzature che possono lavorare in modo organizzato e tutelare la freschezza dei prodotti anche a distanza di giorni.

Si tratta di attrezzature utilizzate nella grande ristorazione ma nessuno vieta di utilizzarle in una semplicissima gastronomia. L'unica differenza sta nel fatto che i risultati saranno ancora più tangibili. Infatti, solo così sarai capace di differenziarti e distanziare i tuoi concorrenti ancora legati al passato.

SEGRETO n. 2: bisogna scegliere sempre le novità, studiarle, analizzarle e applicarle prima degli altri.

Adesso ci addentriamo in un argomento che mi sta molto a cuore: i principi fondamentali sui quali costruire un'attività solida. Spero di non essere giudicato banale ma ritengo che i valori fondamentali di un'azienda seria siano gli stessi di un qualsiasi cittadino onesto: serietà, onestà, puntualità, precisione, correttezza. In poche parole, professionalità.

Serietà: questo principio si applica a tutti i settori della tua attività. Devi considerare sempre di avere a che fare con la salute dei tuoi clienti. Ogni operazione deve essere svolta con la massima serietà, altrimenti rischi di trascurare eventuali problematiche che potrebbero danneggiare te e anche la tua clientela.

Ecco un esempio: capitano dei clienti che chiedono un piatto che non abbia nessun tipo di formaggio o derivato del latte perché uno dei commensali è allergico. Vai in cucina e riferisci alla cuoca di preparare una pizza con verdure senza mozzarella ma dimentichi di informarla dell'allergia. Il tuo comportamento non si può definire impeccabile. Fai attenzione: se sul banco delle pizze c'è della mozzarella fuoriuscita dalla preparazione precedente, metti a repentaglio l'incolumità del cliente.

Il comportamento serio consiste nel valutare bene il piatto più sicuro e controllare che venga preparato senza alcun rischio di contaminazione da parte di derivati del latte. Se ti assumi la responsabilità di tutelare la salute del cliente allergico devi farlo fino in fondo.

Onestà: altro valore che mi sta particolarmente a cuore. Devi essere onesto con i tuoi clienti: devi fissare i prezzi in base ai costi e non in base al desiderio di arricchirti. Devi essere onesto con i tuoi collaboratori e anche con i tuoi fornitori. Se sei onesto potrai sempre contare sulla comprensione di chi ti conosce: soprattutto nei momenti di difficoltà. In caso contrario, troverai sempre qualcuno pronto a sabotarti.

Puntualità: beh, che dire! Quando sei in attività hai spesso delle scadenze e dei pagamenti da rispettare. Ricordati di essere sempre puntuale e, se non ti è possibile, avverti chi aspetta i tuoi soldi di un possibile ritardo! Conta di più la certezza di incassare la somma dovuta che la valuta con cui pagherai. Ti faccio un esempio a questo proposito: finché la tua attività va a gonfie vele sii tu a cercare i fornitori per pagarli anche in anticipo, se puoi. Ti creerai una fama di persona onesta che tornerà utile nei momenti (che possono sempre capitare) in cui non ce la farai a rispettare le scadenze. Saranno loro stessi a dirti: «Non preoccuparti, di te mi fido. Aspetto fino a quando potrai pagare!» Pagando in anticipo dimostri la tua onestà e ottieni in cambio quella fiducia che, il giorno in cui tuo malgrado sarai in difetto, ti permetterà di stare più tranquillo e non subire le pressioni dei creditori. Prima dai e poi ricevi.

Precisione: non c'è molto da dire. Devi affrontare qualsiasi iniziativa con precisione, progettare il tuo futuro, suddividerlo in tante piccole parti, analizzare ogni aspetto e poi agire. Non puoi avviare la tua attività sulla base di tentativi o improvvisazioni ma valutarne tutti gli aspetti fondamentali per ridurre al minimo il rischio e l'imprevisto.

Correttezza: a questo punto, forse, sarai convinto che io stia veramente dicendo delle banalità ma non dimenticare che quanto affermo deriva da un'esperienza personale. La correttezza deve essere il pilastro della tua attività. Non c'è spazio per i furbetti nel mondo del business. Quando parlo di business parlo di un'attività che deve durare nel tempo, che deve essere la miglior creazione della tua vita dopo i tuoi figli. Ancora un esempio: «Offerta speciale: ogni cinque tranci di pizza uno in omaggio!»

Penserai che sia una buona idea. Certo, solo però se il trancio in omaggio non è quello rinsecchito avanzato dal giorno prima. Se agisci in questa maniera il cliente, invece di fidelizzarlo, lo perdi. Non ti dimenticare poi che il passaparola è importante e quindi per un cliente perso ne perdi altri cento.

Tutti questi valori si riassumono nel concetto di professionalità. Grande principio che racchiude in sé l'essenza dell'arte dell'ospitalità.

SEGRETO n. 3: devi seguire sempre i tuoi valori positivi, solo così non potrai mai sbagliare.

Un aspetto fondamentale della professionalità di un buon ristoratore è la capacità di coccolare i propri clienti, di saperli assecondare con gentilezza, cortesia e soprattutto discrezione. Quante volte ti sarà capitato di andare in un ristorante con un amico o un'amica e non poter chiacchierare in pace perché il cameriere non perde occasione di intromettersi con qualsiasi scusa o argomento nei vostri discorsi. Spesso due amiche che cercano un momento di intimità e confidenza vengono disturbate dal solito cameriere che, invece di considerarle clienti, agisce come se dovesse fare colpo su di loro.

Questi sono esempi di un comportamento assolutamente non professionale. Il professionista dell'ospitalità sa quando poter coinvolgere il cliente in una chiacchierata e quando invece limitarsi a servirlo senza importunarlo.

Professionalità: significa anche ricordare i gusti dei clienti abituali e servirli con cortesia, in parole semplici farli sentire come a casa propria. Sono certo di quel che dico quando affermo che le preferenze della maggior parte dei clienti si concentrano su quei locali che offrono prodotti di alta qualità serviti però con gentilezza, cortesia e simpatia.

C'è ancora un principio fondamentale per il successo della tua vita e della tua attività: il **rispetto**. Devi avere sempre il massimo rispetto per i tuoi clienti, quando prepari le materie prime, quando pulisci il locale, quando prepari loro il conto. Devi avere il massimo rispetto per le persone che collaborano con te quando organizzi il lavoro, quando adotti tutti i sistemi per tutelare la loro sicurezza, quando dai loro uno stipendio in regola con tutti i diritti. Devi avere il massimo rispetto per tutti coloro che ti riforniscono di servizi e prodotti perché più ti ingrandisci e più la tua attività diventerà una *joint venture.* Quindi devi costruirti una fama di persona corretta. Dai sempre il meglio ai tuoi clienti sia in termini di qualità che in termini di servizio. Il principio è sempre lo stesso: se sei proiettato verso il cliente, se sei una persona socievole che ama il contatto con le persone e ha sempre sognato di lavorare con la gente sarai sicuramente un ottimo ristoratore.

È veramente importante la propensione verso le persone per essere un buon ristoratore.

Devi avere il massimo del rispetto verso la tua clientela per ottenere risultati assolutamente eccellenti.

SEGRETO n. 4: è indispensabile trattare gli altri con lo stesso riguardo che si vorrebbe per se stessi.

Soltanto con questi principi ben scolpiti nella mente potrai avvicinarti al mondo della ristorazione e approfondire poi i vari aspetti tecnici con i quali dovrai confrontarti quotidianamente.

RIEPILOGO DEL CAPITOLO 1:

- SEGRETO n. 1: è fondamentale sfruttare ogni occasione per acquisire la mentalità imprenditoriale.

- SEGRETO n. 2: bisogna scegliere sempre le novità, studiarle, analizzarle e applicarle prima degli altri.

- SEGRETO n. 3: devi seguire sempre i tuoi valori positivi, solo così non potrai mai sbagliare.

- SEGRETO n. 4: è indispensabile trattare gli altri con lo stesso riguardo che si vorrebbe per se stessi.

CAPITOLO 2:

Come iniziare a creare la tua attività

Abbiamo fin qui parlato dei principi fondamentali e dei presupposti formativi che devono essere cercati dentro se stessi. Il percorso che abbiamo considerato fino ad ora fa parte dunque della vita stessa di ognuno di noi, delle nostre esperienze lavorative, in altre parole del nostro curriculum vitae.

Ora, però, inoltriamoci nell'iter da seguire per trasformare il nostro sogno in realtà: metterci in proprio e avviare il nostro locale.

Innanzitutto dobbiamo capire quale tipo di locale abbiamo in mente. Facciamo subito un po' di chiarezza. Se la tua ambizione è quella di avviare un ristorante, dovrai ottenere la concessione di una licenza di ristorazione che prevede delle procedure che variano a seconda delle leggi e dei regolamenti comunali.

Se, invece, sei orientato verso una gastronomia o un laboratorio artigianale è sufficiente una dichiarazione di inizio d'attività. Successivamente verrà fatto un sopralluogo da parte degli organi competenti che verificheranno i requisiti minimi per l'avvio dell'attività e concederanno un codice identificativo dell'azienda.

La differenza fra questi due grandi gruppi di attività consiste nel somministrare o meno i pasti direttamente ai clienti. Somministrare significa servire al tavolo dei cibi caldi non confezionati. Se invece i cibi proposti vengono acquistati e consumati in casa non c'è obbligo di licenza di somministrazione. Fatta questa grande distinzione e scelta la tipologia dell'attività che vogliamo creare, dobbiamo concentrarci sul locale (inteso come immobile) più adatto alle nostre esigenze. In questo momento siamo soggetti a potenziali rischi, che possiamo evitare con lo studio e la formazione.

Prima di firmare un qualsiasi preliminare d'affitto bisogna conoscere nel dettaglio i requisiti minimi per poter aprire un'attività di ristorazione. Ma quali sono questi requisiti minimi? Sono tutti quegli elementi strutturali del locale che servono a tutelare l'igiene degli alimenti. Si tratta di richieste ben precise da soddisfare facendo bene attenzione all'interpretazione che ne viene data da coloro che devono poi effettuare i sopralluoghi.

Il mio personale consiglio è:

- valutare bene i requisiti minimi necessari;
- cercare un locale nel quale ci siano o si possano attuare quest'ultimi;
- preparare un bel progetto del locale, arricchirlo con una descrizione dettagliata delle soluzioni adottate nel rispetto dei requisiti minimi di legge a tutela dell'igiene alimentare;
- rivolgersi agli organi di controllo (ASL) e richiedere un parere preventivo per avere la certezza di iniziare la propria attività nel totale rispetto della legge.

SEGRETO n. 5: è fondamentale decidere con cura quale tipo di attività avviare e scegliere un locale che abbia tutti i requisiti minimi strutturali richiesti per legge.

Altro aspetto fondamentale è lo statuto giuridico della futura attività. Se l'attività che si andrà ad avviare verrà svolta insieme a dei parenti o amici bisognerà creare una società in nome collettivo (snc); se invece il titolare è uno solo si creerà una ditta individuale. Non mi addentro nelle differenze tra snc o ditta individuale ma vorrei soffermarmi sull'importanza della creazione di una società.

Esiste un modo di dire che vorrei citare: «Il numero perfetto di soci per una società è dispari ed è inferiore a tre.» Questo significa che non è semplice far funzionare una società di persone.

A questo proposito vorrei portare l'esempio della società alla quale appartengo e che da ben sedici anni vive in pace e tranquillità. I pilastri che la sorreggono sono:

- distribuzione dei compiti. Io mi occupo di pagamenti e contabilità, mia cognata si occupa di ordini e del personale, mio fratello è il creativo e inventa sempre prodotti nuovi. Tutti partecipiamo attivamente al lavoro quotidiano;
- totale fiducia tra soci. Non c'è molto da chiarire: il comportamento di ciascuno deve essere trasparente, anche se non è necessario dimostrare la propria onestà. Se manca totale fiducia la società non esiste più;

- fare a gara a chi lavora di più. Bisogna impegnarsi sempre al massimo per far sì che l'attività viaggi a gonfie vele, se ci sediamo sugli allori siamo prossimi alla chiusura.

Nonostante queste affermazioni possano sembrare scontate o banali, ricordatevi che non è facile far funzionare una società. I problemi maggiori nascono quando il lavoro cala e si deve andare alla ricerca delle cause.

Quando ci sono le cosiddette "vacche magre" bisogna unire le forze e concentrarsi sulle soluzioni invece di piangersi addosso e restare immobili. Solo continuando a cercare possiamo trovare l'illuminazione giusta per creare qualcosa di innovativo che dia impulso e nuova linfa alla nostra attività.

Quando invece gli affari vanno bene bisogna consolidare le fondamenta della società: quindi mai sperperare denaro in iniziative sterili, meglio piuttosto investire nell'immobile che finora abbiamo utilizzato in affitto.

Anche nei periodi di "vacche grasse" è fondamentale la ricerca:

l'imprenditore serio insieme ai suoi soci continua a cercare novità, idee originali, prodotti innovativi per continuare a mantenere la propria clientela.

SEGRETO n. 6: sia in periodi di "vacche grasse" che di "vacche magre" bisogna restare uniti e continuare a cercare buone idee da mettere in pratica.

Dopo aver scelto il tipo di attività da avviare e aver fondato la società con tutti i risvolti burocratici (partita IVA, scelta del commercialista ecc.) dobbiamo scegliere una banca dove aprire un conto e con la quale creare un piano di finanziamenti per affrontare tutte le spese di avviamento.

Si tratta di una scelta importante e fondamentale. Quindi, prima di fare qualsiasi mossa, dovresti informarti e conoscere le differenze fra i vari tipi di finanziamento, i tassi e le varie garanzie da dare.

Non mi dilungherò scendendo nel dettaglio dei termini contrattuali, preferisco però sottolineare su un aspetto che ritengo importante: prediligi sempre una banca a carattere locale. Una banca che ti conosca, che sappia chi sei. Ricorda che l'aspetto umano è sempre molto importante.

Ti potrebbe capitare, malauguratamente, di non poter onorare un impegno. Se il responsabile della banca ti conosce personalmente, e sa che sei una persona onesta, farà tutto ciò che è in suo potere per venirti incontro. Al contrario, se il tuo interlocutore risponde a un numero verde, si limiterà a fornire risposte di rito senza fare alcuno sforzo per aiutarti.

Come avrai notato, mi soffermo spesso sull'aspetto del contatto umano. Sono pienamente convinto che solo dimostrando la propria onestà professionale giorno per giorno si possa affrontare qualsiasi difficoltà con serenità e determinazione.

Queste mie riflessioni sono rivolte a persone intenzionate ad avviare un'attività seria che duri nel tempo, non a personaggi disonesti che, approfittando della buona fede di operatori di banca e fornitori di merce o attrezzature, avviano un ristorante o una pizzeria e dopo aver incassato un po' di soldi scappano via senza pagare né merce, né attrezzatura, né tantomeno i debiti in banca.

Quindi il mio suggerimento è: prendi un appuntamento con il direttore della banca e fatti una bella chiacchierata cercando di capire bene ciò di cui hai bisogno. Per ottenere la massima disponibilità però devi avere le credenziali del buon pagatore. Buon pagatore è colui che rispetta le scadenze dei piccoli finanziamenti e che non si tira indietro quando c'è qualche problema sul suo conto corrente.

SEGRETO n. 7: è di fondamentale importanza privilegiare l'aspetto umano in tutte le relazioni finanziarie e commerciali.

A questo punto hai scelto la banca dove aprire il conto della tua ditta, ti sei informato su fidi, mutui, leasing ecc., ora però devi acquistare tutti i macchinari necessari. Cosa scegli? Da chi ti fai consigliare?

Potresti affidarti a consulenti esterni e scegliere un franchising. Niente di più facile: ti dicono loro dove aprire (in centro con un affitto triplo rispetto a qualsiasi altro posto), ti arredano il locale secondo gli standard e ti forniscono le materie prime per la tua attività.

Perfetto, no? Ma tu devi pagare! L'identità del locale non avrà la tua impronta, i prodotti saranno scelti dalla casa madre, non dovrai fare altro che eseguire delle procedure e vedere quello che ne viene fuori. Non potrai apportare modifiche al menù, variare i prezzi, inventare prodotti nuovi. Sarai imprenditore per gli oneri ma non per gli onori.

Non sarai mai libero di fare ciò che vuoi in casa tua. Se poi la casa madre cambia i suoi programmi, cosa fai? Non sei indipendente perché ti arriva tutto pronto.

Potresti obiettare che il vantaggio consiste nel considerevole risparmio di tempo. Eh no! Non mi trovi d'accordo: il punto di partenza della tua attività è la tua passione. Passione vuol dire lavorare imperterrito senza soffrire la fatica perché la soddisfazione che ne ricavi ricompensa il tuo impegno.

Quindi devi essere sempre tu l'artefice del tuo successo. Se demandi a qualcun'altro la responsabilità del risultato non sei un imprenditore con la I maiuscola ma solo il finanziatore di un'idea più o meno vincente.

Ti sarà certo capitato di notare la differenza tra un locale in cui il titolare è sempre presente e un locale gestito soltanto dai dipendenti. Quante volte sarai entrato in un bar mentre due banconiere chiacchierano con un cliente e non ti prestano attenzione, e quante da un fruttivendolo sentendo arrivare da sotto il bancone un bel «buongiorno, arrivo subito». In quest'ultimo caso sotto il bancone c'è il titolare che non vuole rischiare di perdere un solo cliente.

Nel caso del bar i due dipendenti fanno il minimo necessario e non hanno nessun interesse a ottenere il massimo da un'attività che non è la loro. Devo però precisare che ci sono anche dipendenti molto bravi. Quest'ultimi però renderanno ancora di più se nel locale è presente il titolare. Un titolare che si rispetti ha sempre in mente un solo obiettivo: ottenere il massimo dalla propria attività. È per questo motivo che è stato coniato il detto «L'occhio del padrone ingrassa il cavallo».

SEGRETO n. 8: devi sempre mettere passione nelle tue iniziative per ottenere il massimo dalla tua attività, non accontentarti delle briciole.

Si definisce buon imprenditore colui che non lascia nulla di intentato per migliorare il risultato economico della propria attività. Prima di attrezzare il tuo locale o di prendere in affitto il tuo futuro laboratorio prenditi del tempo per documentarti.

Ho sempre ritenuto molto istruttivo visitare le fiere di settore. Chiaramente, devi sapere cosa cerchi. Personalmente, se dovessi tornare indietro seguirei questo iter. Cercherei nel web informazioni chiare sul trattamento igienico degli alimenti. Dopodiché, comincerei a contattare le varie ditte di forni, abbattitori, piastre, macchine per il sottovuoto ecc. per sapere se organizzano incontri informativi sull'utilizzo delle attrezzature stesse.

Poi cercherei, sempre in internet, un corso inerente i prodotti che voglio produrre. Ti suggerisco un corso multimediale da poter scaricare sul tuo pc perché le procedure diventano automatiche solo avendo la possibilità di ripeterle decine di volte.

Mi sono reso conto che la tecnica è molto importante ma deve essere arricchita dalla pratica. Ti porto un esempio: decidi di iscriverti a un corso per pizzaiolo che viene concentrato in quaranta ore distribuite in cinque giorni. Vieni informato su tutti gli aspetti della ristorazione sia teorici che pratici. Ricevi un bel diploma e un bel manuale oltre alla pratica di due giorni per ciò che riguarda l'impasto.

Entri nella tua pizzeria e provi a mettere in pratica ciò che hai imparato. Se riesci a rifare il trenta percento di quello che ti è stato insegnato, sei bravo. Se però segui le procedure attraverso un video corso che spieghi momento per momento i vari passaggi hai la possibilità di soffermarti su ciò che non ti è chiaro.

Ti suggerisco di adottare questo metodo per venti o trenta giorni finché non ti sentirai sicuro di poter continuare da solo. Inoltre il video corso sarà utile nel momento in cui vorrai addestrare un nuovo apprendista.

Mi piace citare una frase di Anthony Robbins, tratta dal suo libro *Come migliorare il proprio stato mentale, fisico e finanziario* «Ricordate che la ripetizione è la madre delle capacità».

SEGRETO n. 9: bisogna sempre ricordare che non basta conoscere la tecnica ma bisogna saperla mettere in pratica, quindi ripetere, ripetere e ripetere le procedure.

Dopo aver seguito dei corsi di formazione sei pronto per acquistare le attrezzature necessarie all'avviamento della tua attività. Ma come le paghi?

Puoi scegliere i contanti se disponi di una certa liquidità. Puoi fare un finanziamento e quindi pagare a rate, però non scegliere mai una rata troppo alta perché altrimenti parti già con la preoccupazione dei debiti. Pensa sempre che l'attività che hai scelto è un'attività a lungo termine, quindi nessuna fretta di chiudere il debito.

Inoltre, quando compri attrezzature o immobili non si parla di debiti ma di investimenti. Infatti, male che vada, avrai sempre un'attrezzatura o un immobile.

Quando scegli delle attrezzature sii lungimirante, pensa in grande e cerca marchi importanti a livello internazionale. Solo i marchi più innovativi ti daranno la garanzia di una buona qualità facendoti risparmiare tempo e, quindi, denaro. Soprattutto ti permetteranno di ampliare l'esercizio quando si presenteranno le condizioni adatte.

Anche se non è questa la sede adatta per approfondire l'argomento voglio comunque darti dei suggerimenti che ti saranno molto utili nella scelta delle attrezzature.

Se vuoi avviare un ristorante, anche di modeste dimensioni, pensa ai forni computerizzati, intelligenti autolavanti. Io ho un forno che uso da tredici anni, si lava da solo ed è come nuovo. Posso fare cotture a vapore, cotture sottovuoto, cotture a bassa temperatura e cotture a caldo secco. Posso inoltre standardizzare un tipo di cottura in modo da ottenere sempre lo stesso risultato.

Questo tipo di forno costa un po' di più rispetto a quelli tradizionali ma a dispetto di questi ultimi ti consente di organizzare il lavoro e risparmiare tempo e molto denaro. Anche se l'investimento iniziale è alto consistente, ti accorgerai che in un anno avrai risparmiato una somma tale da ammortizzare il forno stesso.

Per ottenere un risultato ancora migliore devi associare a questo tipo di forno un abbattitore che ti permetterà di raffreddare le tue preparazioni. Il freddo è un ottimo metodo di conservazione. Nel momento in cui sto scrivendo queste righe solo le grandi cucine e pochi ristorantini (come il mio) utilizzano questo tipo di attrezzature e procedure; tuttavia, nel giro di pochi anni diventeranno obbligatorie.

Da un recente sondaggio l'80 per cento della popolazione è preoccupata per la sicurezza alimentare. Non esiste metodo migliore per tutelare la conservazione dei cibi se non garantire la catena del freddo.

Terzo elemento fondamentale per operare nel rispetto della sicurezza è confezionare sottovuoto i prodotti preparati. Non intendo un confezionamento al fine della vendita ma una conservazione che possa proteggerli, farli durare più a lungo e consentire l'organizzazione del lavoro.

Organizzare il lavoro significa standardizzare quelle procedure che si possono impostare nei tempi di relativa tranquillità per concentrarsi poi e applicarle nella routine lavorativa.

Come al solito ti faccio un esempio: se mi ordinano una pizza con il prosciutto crudo, nel mio frigo so di trovare il prosciutto affettato e confezionato sottovuoto.

Quindi, non devo fare altro che cuocere bene la pizza, aprire il frigo e prendere il prosciutto. Non ho dovuto comprare il prosciutto, metterlo sull'affettatrice, buttare la prima fetta e poi farcire la pizza. Con il mio metodo ho risparmiato tempo, non ho buttato via prodotto e non ho sporcato l'affettatrice. Inoltre, non avendo mantenuto il prosciutto crudo intero nel frigo senza protezione, ho dato al cliente un prodotto igienicamente più valido.

Finora però abbiamo affrontato solo l'aspetto delle procedure tralasciando quello del servizio vero e proprio. Come ho già detto, è fondamentale che il personale di un ristorante sia cortese, gentile, educato, facilmente riconoscibile (la divisa è un segno di professionalità), veloce e preparato.

C'è però un altro aspetto del servizio che non deve essere trascurato: la velocità. A meno che tu non abbia un locale che organizza solo matrimoni o cene di lavoro, devi essere in grado di servire i tuoi clienti con un certo tempismo, soprattutto quando c'è tanto lavoro.

Conosco un solo metodo per non commettere l'errore di farsi trovare impreparati quando la richiesta aumenta: avere un sistema di raccolta ordini organizzato. Non voglio perdermi in chiacchiere, accetta questo consiglio: informatizza il tuo ristorante prima ancora di aprire e assumere il personale.

Propongo ora un elenco di tutti i vantaggi di un buon sistema informatizzato per la raccolta ordini:

- un solo operatore può prendere gli ordini di decine di tavoli senza fare chilometri per portare i fogliettini in cucina e al bar;
- in cucina gli ordini arrivano gradualmente, così gli operatori lavorano sempre allo stesso modo e gli ordini vengono evasi continuamente;

- nel momento in cui si digita l'ordine il conto è già pronto e ha sempre lo stesso importo;

- si evitano sviste da parte dei camerieri e i clienti hanno la certezza di pagare solo ciò che consumano;

- il titolare può sempre controllare l'operato dei propri camerieri per non avere dubbi sulla loro onestà;

- alla fine dei conti, un buon sistema di informatizzazione fa risparmiare almeno un dipendente a turno oltre a evitare la perdita di denaro per errori o dimenticanze.

Organizzazione del lavoro significa svolgere ognuno il proprio compito senza essere di intralcio ai colleghi, avere sempre prodotti pronti in modo da non rischiare di rimanere senza merce nei momenti di punta. Organizzazione del lavoro significa maggior serenità sul posto di lavoro, minor stress, piacere nel fare il proprio dovere. Organizzazione del lavoro significa dare una bella impressione del proprio locale e del proprio staff agli occhi dei clienti. Organizzazione significa non perdere neanche un cliente!

Ti sarà certo capitato di vedere un locale molto frequentato, persone che aspettano e altre che continuano a entrare. Ti sei mai chiesto perché?

Semplicemente perché i clienti che entrano sanno che l'attesa sarà breve poiché quello è un locale organizzato e, grazie alla standardizzazione delle procedure di preparazione e all'informatizzazione della raccolta ordini, aspetteranno tutti lo stesso tempo; se gli ordini sono progressivi le portate vengono preparate in successione e quindi nessuno rischia di aspettare più di un altro.

Alla luce di queste nozioni tecniche e organizzative, puoi ben immaginare quanto importante sia la formazione. Mi riferisco alla formazione seria, determinata e soprattutto professionale.

Non voglio sembrarti ripetitivo e banale ma ricorda che le occasioni di successo capitano una volta sola. Bisogna farsi trovare pronti a coglierle e metterle in pratica. Quindi se ancora non ritieni di aver avuto la tua occasione inizia documentandoti, studiando, guardandoti attorno e facendo tutto con passione.

Se ti dovessi preparare per la maratona di New York, inizieresti a correre, vero? Bene, allora visto che vuoi avviare il tuo locale di successo inizia a studiare già da ora e vedrai che non appena ti sentirai pronto la grande occasione busserà alla tua porta.

Coraggio, inizia ora!

RIEPILOGO DEL CAPITOLO 2:

- SEGRETO n. 5: è fondamentale decidere con cura quale tipo di attività avviare e scegliere un locale che abbia tutti i requisiti minimi strutturali richiesti per legge.

- SEGRETO n. 6: sia in periodi di "vacche grasse" che di "vacche magre" bisogna restare uniti e continuare a cercare buone idee da mettere in pratica.

- SEGRETO n. 7: è di fondamentale importanza privilegiare l'aspetto umano in tutte le relazioni finanziarie e commerciali.

- SEGRETO n. 8: devi sempre mettere passione nelle tue iniziative per ottenere il massimo dalla tua attività, non accontentarti delle briciole.

- SEGRETO n. 9: bisogna sempre ricordare che non basta conoscere la tecnica ma bisogna saperla mettere in pratica, quindi ripetere, ripetere e ripetere le procedure.

CAPITOLO 3:

Come avere successo dal primo istante

Fin qui abbiamo parlato di tutto ciò che precede l'inizio della tua attività. Ora cerchiamo di capire quali mosse fare per ottenere buoni risultati e gratificazioni.

Innanzitutto dobbiamo fare subito una considerazione importante: il guadagno vero a cinque zeri è solamente il risultato finale. Come i frutti di un albero, anche il guadagno deve essere sostenuto da una struttura solida e da radici forti che la sorreggano.

Ora, però, dovresti porti una serie di domande alle quali rispondere sinceramente. Da queste risposte dipende il successo della tua attività.

Che rapporto hai con il denaro? Come consideri coloro che hanno avuto successo? Preferisci dare o ricevere? Sei capace di gestire un cassetto pieno di soldi? Potrei porti altre domande simili ma non voglio annoiarti. Vorrei solo invitarti a riflettere sul tuo rapporto con il denaro.

È fondamentale per il successo della tua attività che tu abbia una grande considerazione e, soprattutto, un grande rispetto del denaro. Non devi aver paura di guadagnare tanto; non devi vergognarti di guadagnare tanto; non devi però distruggere o scialacquare il tuo guadagno.

SEGRETO n. 10: è indispensabile avere un buon rapporto con il denaro per ottenere il successo economico.

Dopo aver fatto chiarezza sul tuo rapporto con il denaro, valutiamo bene qual è il tuo rapporto con il business. Vuoi metterti in proprio per diventare il migliore o solamente per tirare a campare e sopravvivere? Sei convinto che il successo sia il risultato del tuo pensiero che conduce alle tue emozioni, che porta alle tue azioni, che si trasformano in successo?

La base del successo è una formula molto semplice:

PENSIERO + EMOZIONE + IDEA + AZIONE

- mi piace cucinare (pensiero);
- il mio sogno è aprire un ristorante (emozione);
- potrei avviare un locale come la "Piadinomania" (idea);
- studio, mi documento, cerco il locale giusto e poi parto.

=

SUCCESSO

Quello appena esposto è l'esempio di un atteggiamento che porta al successo di un'attività. Il tuo inconscio ti dà degli input che vengono filtrati dalla mente. Questo è il momento più delicato: perché la mente ha il compito di proteggerti e quindi sarà sempre, ma sempre, negativa.

Una classica situazione: trovi una nuova idea per un'attività e stai pensando di provare a realizzarla. Immediatamente cominci a fare le seguenti considerazioni:

E se poi non funziona?

Come mai non ci ha ancora pensato qualcuno?

Sarebbe bello, però…

Ma poi a cosa serve un'attività, non mi basta lo stipendio sicuro che ho?

E poi che ci devo fare con i soldi?

Questi pensieri provengono direttamente dalla mente che ha un solo compito: non indurti al cambiamento. Ogni cambiamento comporta dei rischi. In questo caso dovrai essere capace di agire nonostante i dubbi e non è semplice. Posso assicurare comunque che il mio intento non è proporti di buttarti a capofitto in un'avventura senza certezze, per il solo piacere di seguire un'idea.

Cerchiamo di fare un po' di chiarezza: passare da un lavoro dipendente a un'attività in proprio corrisponde a passare da uno stato di certezza e agio a una situazione di incertezza e disagio. Il motivo è molto semplice: per accrescere il proprio benessere bisogna cambiare e qualsiasi cambiamento comporta incertezza.

Come si possono evitare i condizionamenti? Con la consapevolezza. Bisogna capire cosa desideriamo fortemente; in altre parole, qual è il nostro sogno nel cassetto! Il passo successivo è la consapevolezza, che ci aiuterà a non assecondare le nostre paure. Maggiore è la conoscenza di tutti gli aspetti fondamentali dell'attività che abbiamo intenzione di svolgere e minori saranno i rischi di fallimento.

Quindi, dopo aver fatto chiarezza sui nostri obiettivi e aver seguito i corsi di formazione che ci consentono di acquisire le relative competenze dobbiamo concentrarci ed essere determinati. Sì, avete letto bene: non c'è azione senza determinazione. Essere determinati significa avere le idee chiare, guardare con precisione l'obiettivo e muoversi in quella direzione.

La diretta conseguenza della determinazione è l'**azione**! Per agire bisogna essere determinati e anche coraggiosi. Certo, coraggiosi perché al momento dell'azione si intromette sempre la nostra cara vocina limitante che farà di tutto per frenarci. Quante volte vi sarete sentiti dire: pensaci bene! Dormici sopra! Aspetta fino a domani e poi decidi!

La prudenza è certamente condivisibile, però quando si è in affari, dopo aver capito cosa si vuole e come fare per ottenerlo, bisogna decidere e agire. Bisogna agire e, poiché non avremo mai la certezza che la nostra scelta sia quella vincente, dobbiamo rischiare, affrontare la paura e agire comunque.

SEGRETO n. 11: per avere successo spesso si è costretti a passare da una situazione di certezza e sicurezza a una situazione di insicurezza e potenziale disagio. Con la consapevolezza, la conoscenza, la determinazione e il coraggio si possono sconfiggere i dubbi e puntare all'obiettivo.

Approfondiamo cos'è la paura: la paura precede un dolore che novantanove volte su cento non proveremo. Vi farò ora un esempio tratto dai ricordi dell'adolescenza. Domenica sera ore ventuno – vocina limitante – "Mamma mia domani c'è inglese e io non ho studiato! E se mi interroga? Che ansia!". Lunedì sette e mezza del mattino – vocina limitante - "Fra mezz'ora ho inglese e non so niente, che paura!". Ore otto inizio lezione di inglese – la prima frase della prof. – "Ragazzi oggi invece di interrogare voglio parlarvi dello humor inglese!". Cosa? E tu sei stato in ansia 12 ore o forse di più per niente?

Certo perché la paura scaturisce dal rischio di essere interrogati. Ma oggi è domenica e il rischio forse diventerà realtà lunedì.

Ecco perché quando si parla di paura si dice che il futuro non esiste: molte cose per le quali ci preoccupiamo oggi, domani non avverranno.

Se non è certo che un fatto accadrà perché soffrire in anticipo? Inoltre, nel caso dell'interrogazione avremmo potuto ovviare all'ansia studiando (conoscenza, ricordate?).

A questo proposito vorrei citare un concetto che mi ha molto colpito leggendo un bel libro che parlava di felicità: «Soffrire per un problema non è giusto perché se c'è una soluzione si troverà, altrimenti pur soffrendo non cambieremo la situazione e quindi è inutile sprecare energie positive.»

Vorrei aggiungere, per esperienza personale, che preoccuparsi eccessivamente per un problema spesso porta a ingigantirlo. Bisogna concentrarsi nella ricerca delle soluzioni, assumersi la responsabilità di ciò che sta accadendo e pensare alla soluzione del problema.

Agire nonostante la paura perché si è consapevoli di possedere gli strumenti per riuscire nell'intento.

Se vuoi essere un buon imprenditore, dovrai sempre agire e non dovrai mai mollare. Nel momento in cui cedi il business regredisce fino a fermarsi.

Ci sono momenti in cui tutto sembra andare a gonfie vele e, di solito, quasi tutti ritengono di essere arrivati. Proprio in quel momento inizia il declino.

Sai perché? Semplice! Se perdi di vista l'obiettivo inizi a rallentare. È come se il pilota di formula uno, iniziando a vedere in lontananza lo striscione dell'arrivo, spegnesse il motore pensando di poter tagliare il traguardo sfruttando la forza d'inerzia. Pensate al detto popolare «fatto trenta, fai trentuno».

SEGRETO n. 12: devi continuare a puntare al successo se non vuoi rischiare di perdere tutto. Pensare positivo significa pensare alle soluzioni e non ai problemi.

Questo è il pilastro portante del business. Scendiamo ora nello specifico delle attività di ristorazione.

Pensate ai locali della vostra città. Sicuramente ci saranno quelli che durano dai tre ai cinque anni (e sono la maggior parte) e poi quelli che esistono da venti, trenta, quaranta o anche cinquant'anni. Se entrate in uno di questi ultimi, troverete certo la tipica atmosfera del locale storico, ma vi accorgerete anche della grande professionalità e della continua ricerca di idee e proposte per la clientela. Questo è il segreto della longevità di questo tipo di locali: la continua ricerca e il continuo rinnovamento delle tecniche.

Abbiamo detto che è importante non adagiarsi sugli allori quando gli affari vanno bene. Quando un prodotto viene apprezzato bisogna proporne un altro e non aspettare che il gradimento del primo si affievolisca. Se non spingete il business quando già viaggia a gonfie vele vi ritroverete senza saperlo in crisi e poi direte: "non è colpa mia è colpa dell'euro. Io continuo a fare sempre molto bene i lavori ma c'è troppa concorrenza". Tutte scuse! Siete voi che avete mollato.

I libri che trattano la legge dell'attrazione (se non ne avete ancora letti vi consiglio di farlo) sostengono che il successo va desiderato con tutto noi stessi e l'universo ce lo darà! Se invece pensiamo ai debiti o ai problemi otterremo soltanto ulteriori problemi. Anche la saggezza popolare ci ricorda che:

- i soldi portano soldi;

- aiutati che il ciel ti aiuta;

- chi semina raccoglie;

- chi non accetta non merita.

Il concetto che vorrei trasmettere è che bisogna pensare molto e creare ancora di più. Le idee sono il motore della vita e del business. Inoltre dopo averle realizzate potrete anche venderle.

Se state leggendo questo ebook è perché ho deciso di mettere a vostra disposizione la mia esperienza e le mie idee. Nei miei corsi insegno tutti i segreti della ristorazione a coloro che vogliono avviare un'attività in proprio distinguendosi dalla concorrenza per originalità, innovazione e qualità. Il business si basa sulle idee.

Il procedimento che ti suggerisco è il seguente: trova un'idea vincente; realizzala per dimostrarne l'efficacia; studia il metodo per insegnarla; infine diffondila.

Avrai ottenuto un doppio risultato: avrai guadagnato trasformando il progetto in realtà e anche vendendo la procedura per realizzarlo! Grande, non credi? Vuoi sapere come sono arrivato a scoprire tutto ciò? Semplicemente grazie alla forza dell'attrazione.

Non più di sette mesi fa stavo cercando in internet un canale per vendere un prodotto svizzero non ancora presente sul mercato italiano quando mi sono imbattuto in un video seminario riguardante il futuro del business nel web: è stato come un fulmine a ciel sereno! Ho sentito il forte impulso ad agire, studiare, approfondire. Da almeno quindici anni ho il desiderio di diffondere le mie tecniche innovative e i miei metodi ma ho sempre avuto delle remore.

Essendo un convinto sostenitore dell'autonomia imprenditoriale non ho mai accettato di creare un franchising per spremere i miei colleghi. Ma oggigiorno non è più necessario. Grazie all'evoluzione tecnologica posso vendere solo le informazioni (in audio, testo e video) e poi lasciare che i miei colleghi spicchino il volo liberi da vincoli e in totale autonomia.

Non sottovalutare gli aspetti che abbiamo affrontato in questo terzo giorno. Solo se disporrai degli strumenti giusti per ottenere dei risultati potrai gioire del tuo successo. Essere determinati significa scegliere un obiettivo, puntare il proprio focus e andarci contro con tutta la forza e la velocità di cui siamo capaci: in una frase, agire nonostante tutto.

RIEPILOGO DEL CAPITOLO 3:

- SEGRETO n. 10: è indispensabile avere un buon rapporto con il denaro per ottenere il successo economico.

- SEGRETO n. 11: per avere successo spesso si è costretti a passare da una situazione di certezza e sicurezza a una situazione di insicurezza e potenziale disagio. Con la consapevolezza, la conoscenza, la determinazione e il coraggio si possono sconfiggere i dubbi e puntare all'obiettivo.

- SEGRETO n. 12: devi continuare a puntare al successo se non vuoi rischiare di perdere tutto. Pensare positivo significa pensare alle soluzioni e non ai problemi.

CAPITOLO 4:

Come distinguerti? Usa il tuo cuore

Volete sapere cosa avrei risposto sedici anni fa alla domanda «per che cosa vorresti essere apprezzato dai tuoi clienti?»

La mia risposta sarebbe stata, ed è tutt'ora, «voglio che i miei clienti si sentano come a casa loro e che mangino prodotti genuini come fatti in casa.» Quindi vorrei essere identificato come una persona di **cuore**. Cosa significa avere cuore? Vi darò la mia interpretazione…

Avere cuore significa pensare al benessere degli altri; cercare di comprenderli e far passare loro dei bei momenti. Spesso un piccolo gesto, una piccola cortesia o una piccola attenzione possono essere più importanti di qualsiasi tipo di pubblicità. Non bisogna mai dimenticare che il nostro lavoro e il nostro impegno sono rivolti al benessere dei clienti.

Sia che una o più persone vadano al ristorante o in vacanza inizieranno a immaginare molto prima la bellezza del momento che vivranno. È nostro compito far sì che il momento da loro immaginato sia il migliore che trascorreranno nel nostro ristorante o nel nostro hotel.

Non è ammissibile che qualcuno venga nella vostra pizzeria per trascorrere una serata piacevole tra amici e staccare la spina dai pensieri che lo assillano e voi lo disturbiate con le vostre beghe e i vostri problemi. Dovete essere sempre in grado di allietare il soggiorno dei clienti nel vostro locale, non potete mandarli in paranoia con notizie negative o polemiche.

Spesso sottovalutiamo l'importanza che ha per il nostro business l'attenzione verso il cliente. E' fondamentale partire dal principio che il nostro unico scopo è il totale benessere del nostro ospite. Se usiamo il nostro cuore il nostro sarà un business solido e ricco, ossia un business di successo. Se invece consideriamo il cliente semplicemente come una gallina dalle uova d'oro da spennare, avremo vita molto breve. Vorrei a questo proposito fare alcuni esempi.

Se sappiamo che qualche nostro cliente non sta bene cerchiamo di confortarlo, rivolgiamoci a lui con una parola gentile, preoccupiamoci di lui e cerchiamo di distrarlo e incitarlo a stare bene. In cambio riceveremo gratitudine e affetto e avremo usato il nostro cuore per far affezionare il nostro cliente a noi.

Non avremo fatto nient'altro che dare un po' di conforto a un nostro amico. Ecco la parola giusta: dobbiamo impostare un rapporto di amicizia con la maggior parte dei clienti. Per fare questo dobbiamo essere sinceri e capaci di esprimere i nostri sentimenti.

Spesso capita che alcuni clienti abbiano bisogno di qualche servizio particolare (per esempio nel caso di intolleranze alimentari ecc.). Dobbiamo dimostrare sempre la massima serietà e la massima disponibilità. Solo in questo modo non li metteremo in imbarazzo. Al contrario, li conquisteremo per sempre.

SEGRETO n. 13: devi essere predisposto all'ospitalità, la gentilezza è un atteggiamento d'animo insito nel carattere.

Un altro fattore molto importante da tenere presente per mantenere un business duraturo, etico e moralmente gratificante è dare importanza alla famiglia.

Dobbiamo sempre prestare molta attenzione alle esigenze dei più piccoli. Soprattutto se in tenera età, dobbiamo mostrare la massima disponibilità alle mamme perché se ci preoccupiamo dei bisogni dei loro piccoli conquistiamo automaticamente i genitori.

Inoltre i bambini hanno il potere di influenzare i genitori. Se i bimbi si affezionano a un locale obbligheranno i loro genitori a frequentare e mangiare spesso in quel posto finché non diventeranno maggiorenni.

Penso che il detto «ama il prossimo tuo come te stesso» potrebbe essere lo slogan identificativo della ristorazione seria. Dobbiamo trattare i nostri clienti come vorremmo essere trattati noi stessi. Purtroppo oggigiorno siamo talmente oppressi dai nostri pensieri da aver perso questo modo di interpretare l'ospitalità.

Mi sono impegnato a scrivere queste riflessioni perché sono

assolutamente convinto che se, grazie a queste parole, molti miei futuri colleghi adotteranno questo modo di agire, ci sarà un nuovo boom economico improntato sul rapporto umano e sulla cordialità.

SEGRETO n. 14: lavorare con le famiglie e per le famiglie ti farà sentire bene, ti permetterà di lavorare meglio e più a lungo.

Sin qui abbiamo preso in considerazione i pilastri di una strategia per avviare una vincente attività di ristorazione. Solo utilizzando il cuore però possiamo ottenere il vero successo.

Non è importante che il vostro locale abbia le pareti rivestite d'oro. La cordialità non è un valore che cresce in relazione al costo dei piatti offerti. La cordialità è una prerogativa che si può affinare e migliorare ma deve venire dal cuore.

La cordialità scaturisce dal desiderio di far stare bene gli altri. La cordialità è l'altruismo applicato all'ospitalità.

SEGRETO n. 15: non bisogna mai dimenticare che la cordialità è il veicolo per raggiungere il successo e quindi il guadagno.

Ecco il paradigma vincente: organizzazione, qualità, cordialità, ospitalità, successo. Questo paradigma dice tutto: prodotti buoni, serviti in tempi giusti con simpatia, eleganza e cordialità.

Il risultato sarà che i clienti pagheranno volentieri il conto e torneranno spesso. Certo torneranno spesso e ogni volta porteranno nuovi amici. Il risultato sarà che il vostro business crescerà sempre, sia in termini di fatturato che di fama e notorietà.

Attenzione però a non dimenticare mai il principio fondamentale: siete voi che dovete accogliere i clienti e allietarli con il vostro sorriso, la vostra disponibilità e la vostra vera spontanea simpatia. (Il commento di mia moglie Barbara a quest'ultima frase è stato «parola sante!»).

Dopo questa filippica sul cuore voglio concludere questo ebook con alcuni piccoli riti giornalieri che mi hanno permesso, per tanti anni, di mantenere la concentrazione sul mio business.

E visto che secondo il principio della legge dell'attrazione bisogna essere concentrati sul proprio obiettivo sempre e comunque, i miei gesti quotidiani potrebbero risultare molto utili e gratificanti anche per i futuri colleghi che veramente desiderano avviare un'attività di successo che duri negli anni.

Siamo ormai giunti al termine di questa lunga chiacchierata riguardo al modo di affrontare il business nel campo della ristorazione. Abbiamo cercato di capire come conciliare il proprio sogno, la propria passione e i propri obiettivi e ottenere successo. Non mi sono dilungato su aspetti tecnici che ritengo non adeguati al taglio di questo ebook. La mia intenzione era quella di invitarvi a fare alcune riflessioni al riguardanti il vostro ipotetico business.

Dopo aver fatto chiarezza sulle vostre aspettative, abbiamo affrontato l'aspetto legato alla necessità di una valida formazione per passare infine all'azione. Il risultato sarà l'avviamento di un'attività di ristorazione di successo. Ma ora vorrei darvi dei suggerimenti pratici per far sì che dopo un brillante inizio la vostra attività continui ad andare a gonfie vele.

Innanzitutto parliamo della pubblicità. Dovete iniziare a diffondere il vostro marchio molto prima che inizi la vostra attività. Per il primo periodo dovete essere presenti ovunque. Tutti devono leggere il vostro nome e domandarsi di cosa si tratti e quando aprirà il nuovo esercizio, per non mancare poi all'inaugurazione.

Se avete fatto una buona campagna pubblicitaria la curiosità sarà talmente grande che non potranno esimersi dal farvi una visita.

L'inaugurazione deve essere memorabile. Non abbiate paura di offrire il meglio dei vostri prodotti, non abbiate paura di questo investimento. Dovete essere brillanti ed eleganti. Se organizzate una bella inaugurazione si ricorderanno di voi per anni. Se durante l'inaugurazione vedete qualche cliente che non si comporta bene lasciate stare. Quel giorno non devono esserci note negative: tutto deve risultare assolutamente perfetto.

E ora passiamo all'attività vera e propria: provate a fare questo esperimento. Entrate in un pub e osservate il personale dietro al bancone. Ce ne sarà uno solo che a un certo punto della serata, senza un motivo particolare, andrà al registratore di cassa e farà una chiusura non fiscale (cioè un parziale dell'incasso), darà un colpo d'occhio e poi getterà via il bigliettino.

Sapete chi è quell'individuo? È il titolare. E sapete perché ne sono certo? Perché solo il titolare è curioso di conoscere l'incasso prima ancora della chiusura. E vi garantisco che se resterete in quel locale tutta la sera quell'individuo ripeterà quel gesto più volte. Dall'esterno potrebbe sembrare una sorta di espressione di insicurezza o di ansia da incasso; invece è proprio questa attenzione a far sì che il lavoro si consolidi e aumenti.

Avviene lo stesso quando ci preoccupiamo della soddisfazione dei nostri clienti. Se mostreremo il desiderio di avere un riscontro da parte dei clienti, otterremo in cambio una spontanea manifestazione del loro grado di soddisfazione. Saranno prodighi di complimenti perché apprezzeranno il nostro interesse.

Allo stesso modo se nell'arco della serata controlliamo spesso l'andamento del lavoro, quest'ultimo aumenterà perché attrarremo lavoro grazie al nostro interessamento. Non sono diventato pazzo, credetemi; sono assolutamente certo che se gioite dei piccoli traguardi raggiunti e dimostrate di desiderare il meglio per la vostra attività, il successo arriverà più facilmente.

SEGRETO n. 16: è molto importante effettuare più volte al giorno una chiusura non fiscale (parziale di cassa) per controllare l'andamento del lavoro e dimostrare il proprio interesse verso l'attività.

In precedenza ho parlato della capacità di saper cogliere le occasioni al volo. Se vi è capitato di leggere qualche libro sulla forza d'attrazione (scusatemi se insisto ma vi garantisco che sono utili per trovare le giuste motivazioni), ricorderete che spesso affermano che a ciascuno vengono dati dei messaggi (anche chiamati illuminazioni o occasioni) ma pochi sono in grado di coglierli. Quando siete nel vostro locale incontrate molte persone diverse.

Spesso con alcune si instaura un rapporto di cordiale simpatia;

con altre poi si arriva ad affrontare degli argomenti a volte anche privati o professionali. Beh, ricordatevi quello che vi sto per dire: ascoltate tutti i consigli che vi vengono dati con modestia e umiltà!

Spesso neanche chi li elargisce si rende conto di quanto valore possano avere per lo sviluppo del vostro business. Devo assolutamente raccontarvi due aneddoti relativi alla nascita e all'ampliamento della mia attività.

Dono n. 1: lavoravo a Campitello di Fassa come direttore insieme a mio fratello Roberto. Non ero soddisfatto professionalmente. Per non soffrire troppo stavo progettando il mio futuro in base all'obiettivo che avevo sempre sognato: aprire un'attività insieme a mio fratello.

Avevo già inventato il nome: "Piadinomania". Sapevo bene come avrei sviluppato la pubblicità e il marketing. Mille idee speciali per creare prodotti e promozioni. Ma mi mancava la cosa fondamentale: la ricetta della piadina più buona del mondo!

Un giorno, mentre stavamo approfondendo tutti i dettagli della nostra futura attività e ci impegnavamo a valutare se la piadina che facevamo fosse di un livello qualitativamente alto, incontrammo per caso (coincidenza o attrazione?) Roberto Soriani. Aveva letto il nostro cartello con scritto «Piadina Romagnola» ed era entrato ad assaggiarne una.

Dopo un breve e simpatico approccio vide in me e mio fratello le persone giuste per poter valorizzare la creazione della sua vita, una ricetta della piadina romagnola unica nel suo genere per qualità e digeribilità, e in meno di mezz'ora ci diede dei consigli talmente utili (scritti su un fogliettino di block notes) da permetterci di creare un'attività di successo che vive orgogliosamente e brillantemente da sedici anni.

Infatti, questo ebook è dedicato a **Roberto Soriani**: un caro amico che in mezz'ora ci ha cambiato la vita donandoci un business vincente.

Grazie Roberto, sappiamo che da lassù continui a tenerci d'occhio.

Dono n. 2: avevo appena terminato di attrezzare un'ala nuova del locale in cui volevo avviare il servizio di pizzeria al taglio e da asporto, ma non avevo ancora ben chiaro il prodotto che volevo offrire. Mancavano pochi giorni all'inaugurazione e non sapevo bene che novità avrei dovuto introdurre.

Una sera, mentre i miei due dipendenti stavano chiacchierando in cucina, stavo lavando le vetrine della nuova ala (pizzeria). A un certo punto due clienti che avevano appena finito di mangiare una piadina, mi si avvicinarono e mi dissero: «Qui cosa pensi di fare?» e io risposi:«Mah, non so ancora bene, forse pizza a metro cucinata in teglia». Al che mi incalzarono dicendo: «Perché non fai la pizza grande come fanno dalle nostre parti?»

Stavo parlando con due carabinieri del battaglione mobile appena tornati da una missione. Uno di loro prima di arruolarsi era pizzaiolo e decise di volermi insegnare una novità che dalle nostre parti ancora non esisteva.

In quel momento capii che quello era il secondo grande dono che stavo ricevendo. Chiesi loro di tornare il giorno dopo per fare una prova di quanto mi stavano suggerendo. Non appena assaggiai la pizza grande cotta sul mattone con il metodo salernitano mi resi conto che era molto più di una pizza maxi: era una ricetta notevole che avrebbe fatto la mia fortuna.

Inventai così la mitica multipla.

E ora vi pongo una domanda: secondo voi come mai si sono rivolti proprio a me? Come hanno fatto a capire che ero io il titolare visto che stavo semplicemente lavando le vetrine? Come mai hanno voluto farmi quel grande regalo? Sapete darmi una risposta? Ora ci provo io! In quel momento ero la persona giusta nel posto giusto al momento giusto. E sapete grazie a che cosa? Grazie alla mia capacità di ascoltare.

Grazie alla mia umiltà e al mio rispetto per le conoscenze altrui.

Per raggiungere i propri obiettivi si può imparare da chiunque qualcosa solo se si è dotati di grande umiltà!

L'altro giorno parlavo con un mio fornitore che mi faceva presente la difficoltà di trovare buoni venditori. Vi riporto le sue parole: «Secondo te come mai se vado io da un cliente mi fa un ordine di 1500 euro mentre se va il mio rappresentante riesce a malapena a vendere un decimo (150 euro)?» Presto detto: è la forza della determinazione, dell'attrazione!

SEGRETO n. 17: bisogna sempre tenere a mente che solo chi crede realmente nella propria forza e nella propria determinazione può raggiungere qualsiasi obiettivo.

Ho per voi un altro consiglio per far sì che il successo della vostra attività duri a lungo: tenete sempre nel portafoglio un biglietto sul quale da un lato segnate il valore dell'incasso quotidiano mentre sull'altro il totale mensile. Questo biglietto può essere compilato per anni e a fine anno riportate solo il totale annuo.

Questo rituale serve per attrarre sempre incassi maggiori. Occhio: io l'ho fatto per anni e vi posso garantire che il giorno in cui ho smesso di segnare l'incasso il lavoro ha cominciato a diminuire. Sapete perché? Perché se i risultati positivi non interessano a voi che siete il titolare perché mai dovreste riceverne di migliori?

Si tratta sempre della solita forza d'attrazione: finché siete concentrati sugli ottimi risultati, questi arrivano; quando mollate la concentrazione tutto rallenta per poi fermarsi e infine regredire.

Quindi, amici e colleghi o futuri colleghi, seguite il seguente iter se volete avere successo nella vostra attività:

- trovate un'idea che vi appassioni;
- valutate la richiesta del mercato cui fate riferimento;
- studiate, formatevi, diventate il migliore;
- create il vostro progetto attentamente e in ogni particolare;
- agite: avviate la vostra attività con un inizio memorabile;
- gestite sempre il vostro business con il cuore, è la vostra creatura;
- dimostrate gratitudine per ogni miglioramento e piccolo traguardo raggiunto;
- attuate il rituale del parziale di cassa più volte al giorno;
- mettete in pratica il rituale del totale degli incassi;
- continuate a cercare sempre novità;
- ascoltate consigli e suggerimenti con umiltà;
- studiate molto e cercate di guardare sempre un po' più avanti degli altri;
- fatevi sempre inseguire dalla concorrenza;

- ma fatevi raggiungere solo dal successo.

Sono certo che vincerete come ho vinto e sto vincendo io da sedici anni.

RIEPILOGO DEL CAPITOLO 4:

- SEGRETO n. 13: devi essere predisposto all'ospitalità, la gentilezza è un atteggiamento d'animo insito nel carattere.

- SEGRETO n. 14: lavorare con le famiglie e per le famiglie ti farà sentire bene, ti permetterà di lavorare meglio e più a lungo.

- SEGRETO n. 15: non bisogna mai dimenticare che la cordialità è il veicolo per raggiungere il successo e quindi il guadagno.

- SEGRETO n. 16: è molto importante effettuare più volte al giorno una chiusura non fiscale (parziale di cassa) per controllare l'andamento del lavoro e dimostrare il proprio interesse verso l'attività.

- SEGRETO n. 17: bisogna sempre tenere a mente che solo chi crede realmente nella propria forza e nella propria determinazione può raggiungere qualsiasi obiettivo.

Conclusione

Voglio congedarmi da voi che avete letto queste mie parole ringraziandovi di cuore per aver dedicato a questo libro un po' del vostro prezioso tempo. Spero di avervi aiutato a fare chiarezza nei vostri pensieri e fornito gli input giusti per dare una svolta alla vostra vita professionale.

Ricordate che vi ho solamente parlato della mia personale esperienza. Posso confermare con forza e determinazione che i sogni si avverano solo se sostenuti da impegno e dedizione.
Il nostro cervello ha potenzialità che noi non conosciamo e spesso sottovalutiamo. Se sfrutterete al meglio l'energia che avete dentro di voi, tutti gli aspetti della vostra vita miglioreranno: sarete più positivi, sereni, innamorati, in una parola più vivi.

Se non ritenete che sia il momento giusto per cambiare lavoro, continuate a studiare e tenete le antenne ben alzate: quando sarete la persona giusta nel posto giusto al momento giusto ve ne accorgerete. Ora, a malincuore, vi saluto, e spero di avervi dimostrato il mio forte desiderio di condividere con voi i miracoli che sono capitati a me e che, mi auguro, si concretizzeranno presto anche per voi.

In bocca al lupo e, mi raccomando, **agite sempre.**

Buon Business a Tutti!

Paolo